加合 里早

私の愛の子育て論

文芸社

はじめに

最近は残虐な事件がとても多く、特に小中学生による事件が相次いで起きています。生まれた時は純真無垢で天使のようなのに、なぜそのようなことになってしまうのでしょうか。

私は、事件を起こした子供ばかりが悪いのではなく、親権者や社会をつくっている大人たちの責任のほうが大きいと思っています。親になった以上は、責任を持って真剣に子供を育てるべきだし、周囲の大人たちも、もっと子供を大切にするべきなのではないでしょうか。

よく一般に〝子供は神様からの授かりもの〟と言いますが、私は〝子供は神様からのあずかりびと〟と思っています。そして、子供を産み育てるということは、人として親として試されている〝自分磨き〟なのだとも思っています。

神様からのあずかりびとである天使のような無垢な子に色をつけるのは、親権者である親であり、周りにいる大人たちであり、社会です。純真な心に美しい色をつけてあげませんか？

「それにはどうすればいいの？」と、あなたは問いかけるでしょうね。

それは一言で言えることではありませんし、きっといろいろなケースもあるでしょう。けれど、子供が小さい時でも大きくなる過程においても、子供を一人の人間として尊重し、しっかりと向き合って育てていくことが大切なのだと私は考えています。

はじめに

私にはすでに成人した二人の子供がいますが、第一子長男が二八五〇グラムで生まれた時から、私の子育て奮闘は始まりました。

長男は陣痛が始まってから逆子になり、体が二つ折りになった状態で膝を伸ばして生まれてきたため、「おむつ替えの時には足を持ち上げないで、優しくお尻の下に手を当てて取り替えるように」という医師の指導からの始まりでした。

育てている過程では、若かった頃でしたので、ミルク代に困りかけたこともありました。そんな時、赤ちゃんが、不思議なことに今までたくさん飲んでいたはずのミルクをあまり飲まなくなってしまったのです。

びっくりした私は、心と気持ちを切り替えて、常に心から「お願い！たくさん飲んでね」と祈りながら赤ちゃんにミルクを与えていました。

するとどうでしょう、またたくさん飲んでくれるようになったのです。また、離乳食などもスムーズにできて、ほとんど好き嫌いのないように育てることができました。

赤ちゃんは親の心を読み取れるのだと思います。親が心配や不安をかかえている時、急いでいる時、忙しいと焦っている時などは、赤ちゃんはそれを察してぐずったり機嫌が悪くなったりし、いつもより手がかかるようになります。

そうなると親は大変不安になり困惑するものですが、そんな時は親の心を落ち着かせて穏やかでゆったりとした気持ちにすれば、赤ちゃんの心も落ち着き健やかになるものです。

けれど、私もすべてが初めての体験ばかりで失敗も多くありましたし、一生懸命に育てていても、夜、寝顔を見ながら反省の毎日でした。

はじめに

この本では、そんな私の経験からわかったことや、日頃から考えていることなどをまじえて、私が思う「子育て」について書いてみたいと思います。

私の愛の子育て論　もくじ

私の愛の子育て論

躾について

子供の躾は大変です。とても精神的な労力を使うもので、その大変さは一言で言い表すことができないほどです。

子供が可愛いからといって溺愛してもいけないですし、厳しすぎても子供の正しい成長を妨げる場合もあるでしょう。

私は、親が真剣に子供と接して育てなければ、将来親も子も泣く羽目になると思っていたので、子供が生まれてからは毎日が葛藤の日々でした。また、よく〝子供は親の背中を見て育つ〟と言いますが、これもよく理解できることだと時々感じることもあります。

子供と会話をする時は、必ず子供の目線での会話を心がけ、子供から気軽に「なぜ?」という質問をされたり、どんなことでも相談に乗ってあげられたりするような親、そして大人にならなくてはいけないと私は考えています。

子供と会話をすることで、子供が今何を考え、何を思っているのかが見えてきます。そして言葉や様子が少しでもいつもと違うならば、必ず子供の心の中で何かが起きているのです。

そんな時は、親が気づいて追及するというのではなく、優しく聞いてあげることが大切です。そうすると、何かが起こっている子供の心の扉は少しずつでも開いていきます。

そんな親と子の交流を常に持てるようにするポイントは、心からの信頼と愛です。

子供だけではなく、人は愛があればどんなにつらい試練があっても乗り越えることができるのです。もし、母親がつらくて泣いている時に、その様子を見ていた子供が母親の涙を拭き取ってくれたら、母親は子供からの愛をもらって元気になり、これからも頑張ろうという気持ちになるでしょう。

今は、一般に恋愛の愛だけを愛だと思っている人や、相手に一方的に愛を要求する人が多いのではないでしょうか。これらの〝愛〟は本当の愛ではなく、ただの物質的な自己愛にすぎません。本当の愛は、他人のために心から何かをしてあげられることなのではないでしょうか。

話は戻りますが、子供に対しても、親や大人の勝手な都合やその時の感情では、充分な躾はできません。それ以上に、それは子供の心に傷をつける行為です。親や大人たちの身勝手で傲慢な振る舞いが、子供の心にトラウマとして残ってしまうことさえあるでしょう。

また、子供に躾をせずに物やお金だけを与えて成長させてしまうと、当然その子は物やお金さえあればいいのだと思うようになるでしょうし、それらがなくなれば親や周りにせがむようになります。親は、子供が小さい時にせがむくらいの金額なら出せても、大きくなるにつれ金額も多額になると、子供の面倒を見るどころか放棄したくなるという事態になってしまうでしょう。

親にきちんと躾のされていない子供は、自分の欲求を抑えることを覚えられず、そのまま成長して悪さをしかねないのです。そのため、忍耐ということ、我慢するということを、子供の時にある程度覚えさせなければならないと私は思っています。

躾をする時は、「何が、どうして、どうだから、これはいけない」というふうに細かく説明してあげれば、子供は小さくても理解できます。が、小さい時は一度言われても忘れてしまうことが多いので、何度でも言い聞かせるようにしましょう。

怒鳴りつけるのは好ましくありません。三回、四回、五回と何度繰り返しても言うことを聞かない場合は、一度だけ厳しく叱ると、子供もいけないことだと理解できるようになります。この時は、親がイライラしたり興奮したりして、感情をコントロールできなくなってしまわないようにすることが大切です。厳しく叱るにしても、きちんと親子の心が通っていれば、子供はちゃんと理解してくれます。

また、親だから、大人だからという考え方から、子供に対して命令口調になるのも好ましくないでしょう。そういった態度でいると、将来立場が逆転して自分が子供のお世話にならなければならなくなった時に、同じことが起こるかもしれません。

子供に対して怒鳴ったり命令したりしないということは、人としての心の礼儀だと私は思っています。

例えば親が子供に何かしてほしいと思った時、お願いをするのは親のほうですから、低姿勢の心と態度でお願いをするのが当然です。そうすれば小さな子供でも素直に言うことを聞いてくれます。

たしかに子供は体も小さいですし、すべてを一から教えてあげなければなりません。けれど、親や大人は、子供より先に生まれてきたということにおごらずに、子供がいることによっていろいろ学ばせてもらうことができ、そして自分を磨き輝かせてもらっているのだと考えたほうがいいのではないでしょうか。子供を産み育てることによって、親は人生の学びをしているのではないかと私は思います。

また、言葉づかいについてですが、親が子供に対して乱暴な言葉を使っていると、当然子供も同じ言葉を使うようになります。乱暴な言葉はその人の品格を下げることになりますし、聞くほうとしてもいい感じはしませんので、慎んだほうがいいでしょう。

成長の過程で芽を摘まないこと

その子の能力が発揮できるかどうかは、ちょっとしたきっかけで決まってしまうこともあります。

幼い頃はいろいろな物事に興味を示すものですが、親は子供が興味を持って努力しようとしている芽を摘まないように、子供が興味のあるものは伸ばしてあげるようにしてあげられたら一番いいと思います。

子供はよく親のしていることもしたがります。こういった時はなんでも頭ごなしに否定せず、一度体験させてみてあげてはどうでしょうか。

新しいことを体験することは子供にとってよい経験になりますし、体験できたことで満足するだけでなく、そこからもっと違うことへの試みの意欲が湧くなど、いろいろな面への可能性が広がり、才能を伸ばしてあげるきっかけにもなるかと思います。

また、人は完全なものではないので〝失敗〟はつきもの。失敗した本人がきっと一番傷ついて気にしていることでしょうから、子供が失敗しても怒らないようにしたいものです。

そして、そんな時には、「初めから上手にできる人はいないのよ」などと励ましてあげることも大切です。

失敗が許されない事柄というものもありますが、失敗したからこそよい経験になるということもあり、失敗が次のよい結果を生み出すきっかけにもなると思います。

親の気分やエゴで、子供の「挑戦したい」という気持ちや進路を阻んではいけません。

親だからといって子供を自分の思いどおりにしようとすると、子供は自己主張のできないあやつり人形のようになり、「挑戦してみたい」という意思や気力を失ってしまいます。

そして、そのまま成人して独り立ちしなければならなくなった時、自分のするべきことや進むべき方向が自分で見出せなくなり、その結果、精神のバランスを崩してしまうこともあるでしょう。

親は、子供の意思や意見をできる限り尊重するべきだと思います（ただし、道徳的・倫理的に見て間違っていることは絶対に止めるべきです）。

成長の過程で芽を摘まないこと

子供に自分が興味のあることをやらせると、自己責任を持てるようになり、忍耐力もつくものです。

この〝忍耐力〟というものは子供を成長させるために大切なもので、子供が幼い時から徐々に身につけさせてあげることが必要、つまり（危険の伴わない）我慢をさせるということも大切なのです。

そして子供に我慢をさせる時は、「なぜそうしなければならないのか」を子供が納得できるように丁寧に説明をしてあげることが大切でしょう。

甘やかしだけで育てると、わがままばかりで自己責任が持てなくなり、どんなことでも責任を他人に押しつけるクセがついたりします。自己愛も強くなり、自分の利益だけしか考えられなくなったり、人に対する思いやりが持てなくなったりもするでしょう。

私は、人間が生きていくために一番大切なことは〝人に対する思いやり〟だと考えています。親は子供が、人やあらゆる生物に対して〝心〟

をもって接することができるように育てなければならないと思うし、周囲の大人たちもそう努力すべきだと思います。

そのためには〝食事〟も大切だと考えます（詳しくは次項の「でき合いの食事より、手作りのものを」を参照）。

どんなに質素な食事でも、親の真心のこもった料理であるならば、それはとてもおいしくいただけます。反対に、どんなに豪華な食事でも、作る人の心が入っていなければおいしく感じられないものです。

私は、おいしい料理、すなわち心のこもった料理は〝ビタミン愛〟が入っているのだと思っています。

でき合いの食事より、手作りのものを

最近はスーパーなどでいろいろな種類のお惣菜がたくさん売られています。忙しいなどの理由で子供に料理を作ってあげられない時は大変便利で、親にとってはとてもありがたいことだと思います。

けれど、子供にはやはりできるだけ親の愛情のこもった手作りのものを食べさせてあげたいものです。

でき合いのお惣菜には味の濃いものも多いので、その点も手作りをおすすめする理由です。

でき合いの食事より、手作りのものを

前述しましたが、家庭で作られる料理には、具材や調味料の栄養に加えて〝ビタミン愛〟という真心が入っています。ビタミン愛の入った料理には、食べると体や心に安らぎを与えてくれるような、言葉では表現できない柔らかさがあると思います。

外食でも、お店によっては作る人の真心が感じられる場合もあるでしょうね。お客さまにいかにおいしいものを食べていただくか、研究や勉強に時間を費やしているお店の食事は、とてもおいしくて何度でも行きたくなるものです。同じ名前でお店を出しているチェーン店でも、作っている人の心の入り方が違うと、それは味の差に歴然と出てきます。

私は、子供を育てるためには、親の真心のこもった料理が大切だと考えます。品数は少なくても、たとえ安い食材でも、できるだけ毎日手作りのものを食べさせてあげることによって、その家庭に育った子は非行

につながりにくいのではないかとも考えています。

大切なのは〝心をこめて〟料理を作ることです。

親の愛情のこもった手作り料理をいただくことによって、子供はきっと素直で思いやりのある人になれると信じています。

〝食〟について

食事の話が出ましたので、ここで私の〝食〟に対する考えを少し述べたいと思います。

バランスの取れた食事をしなければ、栄養が偏ってしまい、体調も崩しかねません。ダイエットと称して偏った食事を続けたために、体を壊すといった話もたびたび耳にします。けれど、体を壊すのは何も偏った食事ばかりが原因ではありません。

農薬漬けの食品や食品添加物たっぷりのものを毎日、何年も何十年も食べ続けているうちに、農薬や食品添加物が体の中に蓄積され、体に不調や異常を感じたり、病気になったりすることもあるのではないでしょうか。

一番理想的なのは、自然食を食べることだと思います。有機栽培で無農薬のもの、そして無添加食品。すべての食品をそうすることは大変難しいことでしょうが、できるだけ自然のものを使うように心がけたいものです。

また、新鮮で自然な食品を食べるということは、自然から元気をもらうということにもつながると思います。毎日新鮮なものを食べている人たちには、元気な人が多いものです。

野菜（食物繊維）を多く取ることは、便秘改善になります。繊維質を取るのと同時に水分も多く補給するとより効果的でしょう。繊維質が腸の中を掃除してくれ、水分がそれを流す役目をしてくれます。私も実行していることですが、朝起きた時にすぐコップ一杯の水を飲むといいようです。これを続けていると便秘が改善され、吹き出物もできにくくなります。

アトピーの方も、できるだけ自然食を多く食べたほうがいいのではないでしょうか。無農薬のお米や野菜、そして添加物なしの食品を取ると、体の中からきれいになり、アトピー回復の手助けになると思います。

また、生まれたばかりの赤ちゃんがアトピーになるのには、母親の食生活も関係しているのではないでしょうか。母親が農薬や食品添加物に注意して食べることが大切だと思います。

料理に欠かせない調味料の選択にも気を配りましょう。例えばお味噌やお醤油なら、「○○無添加」と書かれていても、原料の大豆そのものはどうなのかも考えたいものです。大豆が無農薬で有機栽培、作られる過程でも無添加、こういったものなら安心です。お砂糖やだしの素などについても、できるだけ自然のものを選びたいですね。

子供からの「なぜ？」

子供は、少しものが喋れるようになり、物事がわかるようになると、「なぜ？」「どうして？」という言葉を連発するようになるものです。

子供はわからないから聞いているのですから、こんな時は親は子供の質問に対してわかりやすく答えてあげなければなりません。聞く数だけ、子供の知能も知識も成長しているのだと考えましょう。

最初のうちはきちんと答えてあげられていても、だんだんと面倒になって、粗雑な答え方になってしまったり、怒り出したりしてしまうこともあるでしょう。

でも、もしも自分が初めてのことに出合ったとしたら、やはり周りの人たちに「なぜ?」と聞くのではありませんか? 子供はそんな疑問がたくさんあるからこそ、「なぜ?」の連発になってしまうのだということを心にとめておいてください。どんなことも、「立場が逆になったら……」と考えてみることは大切なことです。

また、子供がさまざまな〝初めて〟に出合って、もし失敗したとしても、危険が伴うこと以外では叱ってはいけません。

人間は完璧ではないのです。大人でも、初めからなんでもうまくできる人はいないでしょう。ましてや子供ならなおさらです。幼くても、何かで失敗したあとの嫌な気持ちは持つもので、失敗して一番傷ついてつらいのは本人なのです。

親が子供に「こんなこともできないの!?」と怒鳴ったり叱ったりしているのをよく見たり聞いたりします。大人である親にしてみればできて当たり前な簡単なことでしょうが、子供には初めてのことで何がなんだかわからないのです。親や大人たちに、優しく丁寧に教えてもらわなければ理解できないので、何度も聞いたり失敗したりするのは当然のことでしょう。

また、子供が理解できなかったり失敗したりした時にしつこく怒り続けたり、以前の失敗を持ち出して言ったりすることは、小さな心に傷を残すだけでなく、子供の成長の芽を摘んでしまうことにもなりかねません。

物事が充分にわかっている人は、他人に対して優しく丁寧に教えてあげられるものです。物事をあまり理解していない人ほど粗雑な教え方をしているようです。

そして、子供に何か聞かれてもしもわからなかったら、素直な気持ちで「ごめんね。それは私もまだ勉強不足でわからないから、今度調べておくね」などと言える人は、たとえ質問に答えられなくても、子供から見ても心が素直で素敵に思えるのではないでしょうか。

わが子や周りの子供たちに「素直に育ってほしい」と願うのでしたら、まず自分が素直になることが大切です。

二人目の子、きょうだいができた時

二人目の子が生まれたとたん、上の子がいたずらばかりするようになったり、ベタベタと甘えるようになったり……というのはよくあることです。

こんな時、親は上の子を叱ったり、なんでも我慢させたりしてしまいがちですが、そのようなことは上の子にとっては理不尽なことだと思いませんか？　今までは親も周囲の大人たちも自分をかまってくれていたのに、弟や妹が生まれたら、突然みんなの目が下の子ばかりに向いてしまうのですから。

私も自分が幼い時に同じ経験をしましたので、この経験から、自分の子供たちには常に平等を心がけて接することにしました。

〝平等〟はすべての基本であると私は考えます。兄または姉といってもただ先に生まれてきたというだけのことで、偉いわけでもなんでもないのと同じで、親も子供より偉いわけでもなんでもないわけですから、たとえ親であろうとも、子供を一人の人間として尊重し、きょうだいでも平等に育てるべきです。

また、親は子供を産んだからには当然育てる義務があります。そしてまた、育てるからには子供を人としての心を持った人間に育て、成長させる義務もあると思うのです。

きょうだいの上の子が、幼い時から「あなたはお兄ちゃん（お姉ちゃん）なんだから」と言われたり、上の子だからときつく叱られたりしているのをよく見たり聞いたりしてきましたが、それでは下の子がその兄や姉と同じ年齢になった時には、同じような言われ方や叱られ方をするのでしょうか？　こんなところにも不平等さがありますね。私は、どんな時も子供たちはすべて平等のもとに育て、教育をし、生活していかなければならないと思っています。

私の場合は、下の子が生まれる前に、上の子に理解してもらうことから始め、当時三歳の上の子にこうお願いしました。

「〇〇ちゃんは、もう少しでお兄ちゃんになるのよ。ママはお兄ちゃんを大切にするから、〇〇ちゃんはこれから生まれてくる赤ちゃんを大切にして、そして面倒も見てあげてね」

上の子は素直に「うん」と返事をしてくれて、実際に下の子が生まれてからは本当によく面倒を見てくれました。

例えば、赤ちゃんのおむつ替えに気がついて進んでおむつを持ってきてくれたり、少し大きくなってからはトイレに連れていってさせてくれたり。外出時の道路では「○○ちゃんが車にひかれたら困るから、お兄ちゃんが外側（車側）を歩いてあげるね」と言って手をつないで歩いてくれたり、自転車で出かけた時も下の子が遅れると途中で待っていてあげたり……私もそんな上の子から学んだり感謝したりの日々でした。

また、このように、子供がお手伝いや下の子の世話をしてくれた時には、必ず「ありがとう」「とても助かるわ」とお礼を言うようにしていました。このことによって、私も子供も気持ちよく生活することができ、きょうだいゲンカもなく、二人の子供とも穏やかに成長させていただくことができました。

きょうだいゲンカというほどではないのですが、二人で遊んでいて時には下の子が泣いていることもありましたが、その場合でもすぐに上の子を叱ることはしませんでした。

まず、上の子に下の子が泣いているわけを聞きます。そうすると、下の子のいたずらが原因ということがほとんどでした。

このように、子供の話に耳を傾ける姿勢はとても大切なことだと思います。子供の根本的なところを見て、聞いてあげることによって、親子間に信頼が生まれ、子供が大きくなってもお互いに素直な気持ちで接することができるのではないでしょうか。

実際、すでに成人した彼らと私たちの親子は、とてもよい関係を保っています。

子供が駄々をこねる時

子供が駄々をこねて手を焼く親は多いでしょう。けれど、子供には子供なりのわけがあって駄々をこねているので、むやみに叱るのもあまりよくないのではないかと思います。

子供が駄々をこねる原因には、何かが自分の思いどおりにならないとか、親の気を引きたいとか、いろいろとあるでしょうが、そんな時は子供の気持ちになって、そっと優しく声をかけてわけを聞いてあげるとよいでしょう。

また、何かがうまくできなくて駄々をこねた時には、頑張ってできるように優しくやり方を教えてあげたりして、親が応援しながら頑張らせると、その事柄に子供の気持ちが集中してしまいますので、駄々をこねていたことさえ忘れてしまうものです。

子供が駄々をこねている原因がまったくわからない時、子供本人もわけもわからず駄々をこねている時などは、危険が伴わない限りそのままにしておけば、そのうち子供も気がおさまったり、諦めたりして静かになります。

けれど、私の経験から言って、親が子供にいつも丁寧な説明をして理解してもらっていれば、子供は駄々をこねないものです。幼くても気持ちは通じるのです。幼いからといってあなどってはいけません。

必ず優しく説明して理解してもらうことが大切です。怒りながら説明しては、子供に伝わるのは怖さだけで、他には何も伝わりません。

〝勉強〟について

子供の成長に伴って、躾や接し方（育て方）が変化し、難しくなってくるのは当然のことですが、生活環境やそれぞれの子供の性格などによって育ち方も違ってくるので、マニュアルというものを探してもなかなか見つけることができないのが現実かと思います。

けれど、どのような場合でも基本的になんでも過度になるのは避けるべきことでしょう。

つまり、溺愛や、躾と称した暴力行為、過干渉などです。これらは子供の心に傷をつけたり、子供の成長の芽を摘むことになったりしかねないので、気をつけなければなりません。

また、周囲の大人たちや世間は〝勉強ができるかどうか〟で子供をはかってしまいがちですが、それはよいこととはとても思えません。

もちろん、優れた能力を持っていることは素晴らしいことですが、それに加えて大切なのは、やはり〝思いやりの心〟でしょう。

それを育むためには、親が自然にお手本を示せるようになっていなければならないのですが、現在の家庭教育のあり方は少し違ってしまっているように思えてなりません。何かがずれている、どこかがおかしい……。

常識・非常識などの道徳教育を子供にしなければならないはずの親が、ブランド志向や見栄で子供に無理をさせてでも偏差値の高い学校へ行かせようとしたり、目の色を変えて子供に自分の夢を押しつけたり……これらはいったい誰のためにやっていることなのでしょうか。

机に向かってする勉強だけが勉強ではなく、子供には社会勉強も必要です。机の上だけでの勉強が、子供のためになっているとは私には思えないのです。

しかし、子供自身が自ら進んで机に向かって勉強するのは問題ないと思っています。なぜなら、自ら取り組むということは、何事にも前向きに進んでいける能力があるということの表れだと思うからです。

問題なのは、勉強や塾通いを無理やり子供にさせる親たちです。なぜそこまで子供の自由を奪うのでしょうか。

楽しい環境、よい条件のもと、そして親として人として本来のあり方である〝心〟を持った教育を取り揃えていれば、子供は自然に、その成長に合わせた学びをしていくものだと思います。

子供は親のロボットではありません。「もし自分が子供の立場だったら……」ということをよく考えてみてください。

子供の年齢に合わせて自由に伸び伸びと育ててあげなければ、いつか途中で挫折をすると、精神的なストレスなどで大切な人生を駄目にしてしまうかもしれないのです。

おもちゃ、ゲーム

子供は幼い頃は何にでも興味を持ち、それこそお鍋のふたでも喜んで遊ぶものですが、周りの大人たちは初めての子供にはどうしても高価なおもちゃを与えたくなってしまうものです。

子供も高価なものを与えられ続けると、それが普通に思えて感覚が麻痺してしまい、高価なものしか望まなくなってきます。さらにテレビなどの影響もあり、年齢が増すにつれて高価なものに目が行くようになるのも実情でしょう。

少し物心がつくようになってきたら、いつも高価なおもちゃを買ってあげるのではなく、お誕生日やクリスマスといった特別な日にだけ買ってあげるものだと理解させるようにすることなども必要だと思います。

また、おもちゃを買って与えるばかりでなく、親が一緒に遊べる時は手作りの工作などを子供とやってみることも大切です。

子供も、自分で作ったと思えば大切にするでしょうし、それをきっかけに物を大切にする心が芽生えてもくるでしょう。

そしてまた、物を作ることによって、考える力、発想する力も芽生えてきますし、やがて自分ひとりでも何か作り出そうという気持ちが出てくるかもしれません。

成長するにつれて、それがいろいろな物事に対して挑戦する気持ちになったり、自ら行動を起こす意欲になったりし、忍耐力がつくことにもつながりますので、幼児期は大切に養育していかなければならないのです（この場合の大切とは、過保護や溺愛の意味ではなく、上手に育てるということです）。

幼児期は子供自身は何もわかりませんので、親の言うとおりの行動を取ります、もしくは親の言うとおりにしなければならない状態に置かれています。つまり、親の言うことが子供にとっての〝絶対〟になり、それが自然と身についてしまうということです。

ですから、幼児期にきちんとした養育をされずに成長して手に負えなくなった子を、親の都合・勝手で、ある日突然生活態度を変えさせようとしても、それは無理なことです。基礎を作ってもらえなかった子供にしてみたらたまったものではないし、何がなんだかわからなくてよけいに反抗的になってしまうことでしょう。

また、親の生活態度はだらしがないのに、子供にばかり口うるさく言ったり、やたらと厳しくしすぎたりしてしまうのもどうかと思います。

次にゲームについてですが、幼い時にテレビやパソコンなどのゲームのおもしろさを味わわせてしまうのは、少し問題がある気がします。ある程度の年齢になり、自制心を持てるようになってからならばいいのですが、あまりにも小さい時からゲームに興味を持たせすぎると厄介なことになってしまうかもしれません。

親にとっては、子供をテレビゲームなどで遊ばせておけば、静かだし手間もかからないし、その時はとても都合がいいものなのですが、これでは遊びを通じての親子の交流がないどころか、友達との楽しい交流も持てないでしょう。

たとえ友達が遊びに来たとしても、テレビゲームをしている子供たちはそれぞれがゲームに夢中で、部屋は無言です。
また、外で元気に遊ぶことをしないため、体にも精神的にもよくありませんし、ゲームに夢中になって勉強など他のことに対する意欲をなくしてしまう恐れもあります。

先ほども申しましたが、幼児期のきちんとした養育で自制心を養うことができた子供はいいのですが、親の手抜き養育で成長した子は、とても気の毒なことです。

きっと迷い、苦しみ、けれど自分を省みることもできず、老いた親もつらく寂しい生活をしなければならなくなるでしょう。親子ともども泣く思いをする結果になってしまうのです。そうならないためには、しっかりとした養育をしなければなりません。

子供は親の所有物ではなく、「はじめに」でも述べましたが、神様からあずけられた宝なのです。その宝をどう色づけするかで、親自身の将来の生き方も変わってくるのです。

子供がしっかりと自立できるように育てなければ、成長して社会人の年齢になっても、いつまでたっても親のスネをかじっているような人間になってしまうかもしれません。

こうなってしまったら、親としてなんのために子供を産み育ててきたのか、悔やんでも悔やみきれないつらさと苦しみが残るばかりです。

私は、子供が授かるのには意味があると信じています。子供を産んで育てるということは、親である自分たちが人間的にもっと成長するための一つの課題なのです。

人間が生きていくためには、心からの思いやりのある〝本当の愛〟が必要です。その思いやりの心を育てて成長させるために、子供を通じて学び、「親も成長しなさい」ということなのです。

つまり、子供を育てるということは〝心〟を育てるということです。親子ともども豊かな心を育てていけば、人としてきっと立派に成長できるでしょう。

そのためにも、幼い時の親と子のふれあいを大切にしたいものです。時間がある時には、できるだけ一緒に何か手作りしたり、外で遊んだりしましょう。面倒だから、忙しいからといっておもちゃやゲームを与えっぱなしになってしまったり、欲しがるものをなんでも買ってあげたりしていては、親子ともに〝心〟が育ちません。

成長した子供が、親に暴力を振るったり、お金が欲しいために悪さをしたりすることがありますが、このような子供たちは、本当は心が弱いのではないかと私は思います。

例えば、家を建てるのに地盤や基礎がしっかりしていないと、ちょっとした揺れでも歪んだり崩れたりしてしまいます。人もそれと同じだと思うのです。

幼い時の養育、躾、日常の常識的な教育、社会的な常識など、これらは学校で教えるだけでなく、むしろ親が教えることなのではないでしょうか。特別に難しく考えなくても、日常の常識をきちんと教えてあげるだけでも充分なのではないかと思います。

この普通のことがなかなかできないということもあると思いますが、親が子供を真剣に育てることによって、その真剣な心が子供の心に伝わり、子供は親の愛情をきっと理解してくれるでしょう。それがわかれば、子供は素直に成長してゆくはずです。

自然との遊びの重要性

最近、外で遊んでいる子供が少ないように思え、いないに等しいのではないかと感じることもあります。

以前とは遊び方が変わったのでしょうか。それとも、勉強や塾、いろいろな習いごとなどに追われているのでしょうか。

やはり子供は太陽の下で遊ばせてあげるのが一番いいと私は思うのですが、今の時代ではそれは難しいことかもしれません。

外で、太陽の下で、土があり、草木があって、いろいろな昆虫たちもいて、小さな川があって……そんなところで遊べるのは、今となっては少数の幸せな子供たちだけでしょう。親子で、家族で、友達や仲間と、虫かごと網を持って昆虫を探して、捕まえて家で育てるというようなことも、今はあまり聞くことも見かけることもありません。

自然に触れて、生き物に触れて、生き物を自分で育ててみるということは、その子の心を育て、思いやりや優しさを育む大きなきっかけになると思うので、学校の勉強だけでなく、自然の恵みのもとでおおいに情操教育をしたいものです。

人を含めたあらゆる生き物は、自然の恵みのもとで生活することが、生きてゆくのに一番ふさわしいのではないでしょうか。

自然に触れると心が豊かになり、イライラとした感情やちっぽけな悩みくらいならなくなってしまうのは、みなさんも経験したことがあるのではありませんか？

ストレスが解消され、元気になり、体調がよくなったり、心が穏やかになったり。自然の恵みの中で長い間生活されている方がとても健康的で元気に見えるのも、気のせいではないと思います。

そういったことからも、子供を自然の中で遊ばせて成長させてあげることがどれほど大切かがわかります。

人間は体が資本です。その体が不健康であれば、これほどつらいことはありません。どんなに勉強ができて頭がよくても、体が不健康であれば先に進むことができなくなってしまいます。そしてまた、体が健康であっても、ストレスなどで精神的にダメージがあるのもつらいことです。

テレビを見たり、パソコンをしたり、ゲームをしたりして一日が終わってしまうような生活は、体によいとはとても思えません。そして精神的にもよいとは思えないのです。

月に一度、それが無理でもせめて一年に一度でも、子供を自然の中で遊ばせる経験をさせてあげたいものです。たくさん自然に触れて遊んだ子供は、きっと健康で、心が広く雄大に成長できるのではないかと思います。

子供の遊ばせ方

子供は自然が大好きです。きれいな空気を吸いながら野原を駆けまわり、その中からいろいろなものを発見し、吸収していきます。笹の葉を見つけて笹舟を作ったり、タンポポで笛を作って鳴らしてみたり。自然の中で遊んでいると、自分で考える力や創造力が養われるのです。

また、雨の日など部屋から出られない時の遊びでは、色紙や厚紙、ストロー、発泡スチロールなど、身のまわりにある材料で何か作ってみたり、絵の具の色を混ぜ合わせてどんな色ができるかを実験してみたり、どんな形の紙飛行機が一番飛ぶかを試してみたりすると、子供たちの目はキラキラと輝いてきます。

遊びを通していろいろなものを作り、学んでゆくことによって、探究心が旺盛になり、心が豊かになることでしょう。

どんなに高価なおもちゃを買い与えてあったとしても、外で遊んだり、自分たちで工夫して何か作ったりするほうが、私は意義があると思います。

親としては、家の中でテレビを見させたりゲームで遊ばせているほうが〝ラク〟できると思いがちですが、自然に触れさせたり、人とのふれあいを学ばせたり、自分で考えさせたりすることがどれほど大切なことなのか、子供が成長した時に必ず結果が出てくるものと思っています。

ただ、外で遊ばせる場合は、幼い子供だけで遊ばせておくのはあまり感心しません。それは〝危険〟ということがあるからです。外での遊びには、幼い子供にとっては想像もつかない危険がたくさんあります。

一人でどこかへ行ってしまう可能性もありますし、川や池など水のある場所では落ちてしまう可能性もあるでしょう。また誘拐や事故などの可能性も考えると、幼い子供だけで外で遊ばせるのはとても危険です。

親や大人たちには、子供を守り正しい道を進めるようにする義務があります。幼い頃の一時期を怠ったために、子供が成長するための基礎が揺らぎ、その結果後悔しても遅いのです。子供の成長過程の基礎になる部分を特に大切にし、見守って育てていってあげてほしいと思います。

子供の叱り方と褒める時

子供は何にでも興味を示すものですが、危険なことであればあるほど、それに近づこうとする傾向があるようです。

そのように危険を伴うことに関しては、親はきつく叱るべきだと思いますが、気分や都合など親自身の勝手で子供を叱るのは感心しません。

子供が言うことを聞かないからと怒る親、片づけをしないと怒る親、うるさいからというだけで怒る親……怒ってばかりいても、子供は正しい方向には成長しません。

子供は、なぜ自分が怒られているのか、その理由がわからないことも多いものです。その原因の一つに〝親の気分で怒られているから〟ということがあります。

親の気分がいい時には何も注意されなかったのに、同じことを親の気分が悪い時にするといきなり怒られます。子供にはなぜなのかまったくわからず、驚きや行き場のない気持ち、怖さで泣いてしまうこともあるでしょう。親はそんな子供の気持ちをわからずに、泣くからといって今度は怒鳴ったりするのもよくあることです。こういったことを繰り返していても、子供には不満が残るだけで、なんの解決にもなりません。

また、危険を伴わないことにもかかわらず、叱る時にいきなり大声で怒鳴るのは絶対にしてはいけないことです。幼い子供にも感情はあります。尊重して育てるべきでしょう。

親としては必死に育てているのでしょうが、怒って言うことを聞かせようとしていると、子供は怒られないように親の目を気にしながらビクビクと行動するようになったりもします。

子供に言うことを聞いてほしい時は、きちんと、でも優しく、何がどうしてこうだから、と説明してあげることが大切です。子供がちゃんと理解でき、納得できれば、次からは言われたとおりにすぐできたり、だんだんと言われなくても自分から進んで行動したりするようになるものです。

次に、子供を褒める時ですが、子供が何かを上手にできた時にはすぐに褒めてあげることが大切です。

大人にとっては簡単なことでも、子供には難しいことが多いものです。幼い頃は、絵が描けた時や字が読めた時、少しでも数を数えることができた時、お手伝いをしてくれた時など、多少の失敗はあってもどんどん褒めてあげましょう。

大人だって、それがたとえお世辞でも、褒められたらうれしいものです。それと同じです。子供を褒めて、いいと思われるところを伸ばしてあげましょう。

勉強の場合も、間違ったところを叱るよりも、正しくできたところを褒めていきましょう。ただ厳しいだけでは子供は成長できないものです。学校の勉強ができるからといって、立派な社会人になれるわけでもありません。

総じて、躾は厳しくていいのですが、躾以外の時は親が心に余裕を持って、子供が自由に行動できる、自由に考えられる環境を与え、ゆったりとした生活をさせてあげることが大切だと思います。そうすれば、子供は伸び伸びと成長してゆくことができるでしょう。

「ダメ」と言わない育て方

子供にとって、見るのもするのも初めてという事柄はたくさんあります。

その中の〝やってはいけないこと〟に対して、親が「ダメ！」と注意することは多いと思います。けれど、頭ごなしに「ダメ」と言われても、子供には何がダメなのか理解できないことも多いものです。

子供がしたことが危険に直面するようなことであれば、とっさの言葉で「ダメ」と言うのも仕方がないと思いますが、普段の生活の中でちょっとしたことでもダメを連発するのは疑問です。これは親の権力と威圧感を振り回しているだけで、かえって子供が反抗的になったり、素直に成長できなくなったりする原因になるのではないでしょうか。

少し話はそれますが、親が子供に対して暴言や暴力の行動を取ると、やがて子供も同じように行動するようになります。子供は親が教えてくれる以外に手段がわからないからです。

また、子供が親に何か問いかけたり訴えたりしてもなんの返答もしてもらえない時も、子供は暴言や暴力、また奇声を上げたりして自分を表現することも多いものです。子供の問いかけには、親は必ず返事をし、答えてあげることが大切です。

さて、子供に対して「ダメ」の一言や連発で終わらせないためには、子供に「何が、どうしていけないのか」を優しく丁寧に説明してあげる必要があります。これを続けることによって子供は理解し、納得し、素直に成長してゆくのです。

小さいからといって威圧的、攻撃的になったり、子供を見下したりしてはいけません。親が子供に対して行ったことは、すべて子供が成長した時に形となって表れてきます。

そして、子供が成長したその時には、もう後戻りして修正をすることは難しいのです。面倒だからといっていいかげんな育て方をして後悔しても、親は自分以外の誰をも責めることはできないのです。

そして、一番気の毒なのは親ではなく、いいかげんに育てられてしまった子供です。子供につらい思いをさせないためにも、一日一日を真心をこめて子供を育ててください。

叱って育てるより、褒めて育てる

親という立場から、立場の弱い子供に対して、どんなことがあっても追いつめるようなことをしてはいけません。追いつめられる子供の心には、行き場のないつらさが押し寄せてきます。

たとえ多少の悪さをしたとしても、追いつめたりせず、まず「なぜそうしたのか」を子供に聞くことが大切です。そして「どうしてそれがいけないのか」を説明してあげなければなりません。大人から見たら〝悪さ〟でも、子供は悪さとは思っていないかもしれません。むしろ、純粋な探究心や好奇心で行っていることなのかもしれないのですから。

たしかに、場合によっては子供を叱らなければならないこともありま す。そういった時は、叱ったあとに他の誰かが子供の心を受け止めて聞いてあげるといいでしょう。そうすると、叱った親も叱られた子供も気持ちをワンクッション置くことができるので、特に子供は気持ちが落ち着き、親に言われたことをきちんと受け止められたり、反省したりできるのではないかと思います。

子供をいつも叱り続けていたり、追いつめるようなことばかりしていたりすると、幼いながらも子供は自信を失い、何事に対しても積極性が持てなくなってしまうかもしれません。つまり、成長の芽を摘んでしまうことにもなりかねないのです。

叱ったりダメを連発したりするのではなく、なんでもきちんと説明してあげて、そして子供が理解できたら、すぐにその場で許してあげましょう。

また、子供が何かできた時、よいことをした時などは、すぐに褒めてあげることがとても大切です。

私の経験から言って、叱って育てるより褒めて育てたほうが、子供は聞きわけがよくなり、素直に動き、行動も素早くなります。

子供の行動を焦らせるようなことを言ってはいけません。焦るとかえってうまくできなくなり、逆効果です。

もし子供が自分で焦ってしまっている時や、イライラ状態になってしまっているような時は、「ゆっくり、焦らなくていいよ」などと一声かけて安心させてあげると上手にできるようになります。

例えば、子供をいつも怒鳴ったり叱ったりして育てていると、親の顔も子供の顔も、どちらもよい人相にはならないでしょう。いつも怒っている親の顔は怖くてきつい顔になり、いつも怒られている子供の顔は、寂しくうつむき加減で自信のない顔になったり、または反抗的できつい顔になったりするのではないでしょうか。

子供を褒めて育てれば、育てやすいのはもちろん、親も子供もきっと明るい笑顔のあるハツラツとした健康的な顔になるでしょう。こういった親子は、周りから見てもとても素敵に思えます。

そして褒められて育った子供は、自信を持って堂々と人生を歩むことができるようになることでしょう。

幼児虐待

最近、幼児虐待のニュースが頻繁に報道されています。中には耳をふさぎたくなるような残虐な事件もあり、なんの罪もない、無抵抗としか言いようのない状態の子供を苦しめるということに、とても聞くに忍びない気持ちを持っています。

なぜ、それほど虐待しなければならないのでしょう。もし自分が虐待されている子供の立場だとしたら、どう考えるのでしょう。

子供たちにも人権はあるのです。小さくても幼くても人権はあるのです。そして、自分の空腹を我慢しても子供に食べさせるくらいの心があるのが本来の親です。それが、どうでしょう。最近は子供への思いやりのかけらもないような話が多すぎます。

直接的な虐待だけでなく、真夏の日中に子供を車の中に置きっぱなしにして、親は涼しい場所で遊びほうけているようなことも、私は立派な虐待だと思います。

また、虐待をしていても、親は虐待と思っていないという場合もあるでしょう。このようなケースも考え、周囲の大人たちが気をつけて見ていてあげることも重要だと思います。

もっと子供を大切にしましょう。どんなに小さな子供でも、まだ言葉が話せなくても、心はあるのです。虐待されたことは、心に傷として残ってしまいます。よい出来事が心に残るのは素晴らしいことですが、このような傷が心から消えないのでしたら、この先どれほどつらい思いをしなければならないでしょう。

また、子供を思いやる気持ちを持てないような親が育てた子供は、当然思いやりの心を知らないで育ってしまいます。その子供が、親と同じようなことを繰り返してしまう可能性もあるのです。

因果応報という考え方もあります。子供に対してしたことが、将来自分に返ってくるかもしれないのです。

子供たち一人ひとりをぜひ大切に育てていただきたいと、願ってやみません。

すぐキレる子、キレやすい子

いわゆるキレやすい子というのは、我慢することができない、忍耐力がない子なのではないかと私は思います。

親が可愛さのあまりに子供を溺愛しすぎてしまい、すべてのわがままが通るように育った子は、大きくなったからといってそれを変えることはできません。

幼い時のわがままならば、周囲はある程度は我慢してあげられますが、その子が成長するにつれて行動も激しくなりますので、周囲に危険を及ぼすような結果になることもあるでしょう。自分の気に入らないことがあるとすぐにカッとなったり相手に恨みを持ったりするなど、自分を抑えられない人間になってしまう恐れもあります。

幼い時に、危険を伴わない程度の我慢をさせ、忍耐力をつけさせることが大切です。アメとムチのアメばかり与えるような育て方は、親子ともどもつらい結果を招く原因になってしまうので、気をつけなければなりません。

本来の〝愛〟とは、子供の心に人への思いやりの気持ちを持たせてあげることであり、溺愛の〝愛〟は自己愛を作り上げてしまう愛なのです。

だからといって厳しすぎるのもいけません。親が子供に暴力を振るえば、子供もどこかで誰かに暴力を振るうでしょう。親が悪い言葉で子供を罵ったりすれば、子供はその言葉を覚えて使うでしょう。

子供は穏やかな環境で育てるのが一番望ましいと思うのですが、それもなかなか難しいかもしれません。しかし、子供をキレやすくさせないためにも、せめて子供の言いなりになったり、子供が欲しがるものを気軽に買い与えたりしないようにしたいものです。

子供は、今見たもの、今思いついたものをその場ですぐに欲しがるものですが、それを言われたままに買い与えてはいけません。それが続いて我慢するということを知らずに育つと、ある日買ってもらえなかったからといって突然キレるようになるかもしれないのです。

また、買ってあげない時には、理由をきちんと優しく説明してあげること。幼くても、説明して理解させるという習慣を身につけさせることで、子供は我慢することを覚えてゆくのです。

決して頭ごなしに怒鳴りつけたり叩いたりしてはいけません。それから、躾と称して虐待まがいに我慢を強要することも絶対にいけません。親が思いやりを持ち、優しさの中で子供を躾けることにこそ、躾の意味があるのです。

このようにして忍耐力を持つことができた子供は、きっとキレることなどないでしょうし、人に対しての思いやりの心もきちんと備わっていると信じます。

ドラッグ

最近、低年齢層の薬物使用が、テレビや新聞などで報道されているのをよく見かけます。大人たちがもっと真剣にこの問題に取り組み、子供たちになぜ薬物使用が悪いのかを教え、ドラッグの恐ろしさを声を大にして伝え、子供たちを守ってあげなければならないと思っています。

子供たちのほとんどは興味本位からドラッグに手を出し、やがてのめり込んでなかなかそこから抜け出せなくなってしまいます。また、ドラッグに手を染める子供たちや、ドラッグにはまってしまう子供たちは、心に傷を持っていたり、心が病んでしまったりしているのではないでしょうか。

親の愛情の足りない子、放任されっぱなしの子、口うるさすぎる過干渉の親を持つ子……このようにして育った子供たちは心の中に空虚な部分があり、その隙間にドラッグが入り込んでしまうのかもしれません。

また、一度ドラッグから抜け出しても再度はまってしまう子供たちも心に問題を抱えているのでしょう。親の甘やかしによる忍耐力のなさや依頼心の強さによって、少しのつまずきでも耐えられなくなり、ドラッグに依存してしまうというケースもあるかと思います。

この問題は、親だけでなく社会が本腰を入れて考えるべきことです。ドラッグを一度使用しただけでも脳にダメージを受けると聞いています。誰一人としてドラッグに手を染めるようなことにならないように祈るばかりです。

いじめから抜け出すために

いじめられている本人にとって、いじめほどつらいことはありません。幼い時にいじめにあったら親が守ってやる必要があるのですが、ある程度成長したら、自分の意思を強く持ち、いじめにあわない対策を取らなければならないと思います。

もし、いじめについて親子で話し合う機会があったら、ぜひこれから書くことをお子さんに話してあげてください。

誰かをいじめる人は、「こいつは弱い。いじめても反撃や反発をしてこない」と思うからいじめるのです。いじめる側に最初はあまり悪意がなく、ちょっとからかっているだけでも、相手が抵抗してこないためにだんだんとエスカレートし、いつしか悪意のあるいじめに変化していくケースもあると思います。

もし、自分が「いじめられている」と感じた時には、まず相手にしないこと。それでもしつこくいじめを繰り返すようであれば、自分の心のスイッチを切り替えて、きちんと言葉に出して自分の気持ちを表現するといいでしょう。ただし、いじめられたからといって、同じことを相手にして仕返しするのはよくありませんし、それでは解決になりません。

いじめから抜け出すには勇気が必要です。心を強くし、正々堂々と生きましょう。

実は私も、小学生の頃に学校でいじめにあっていた一人なのです。けれど、中学生になる時をきっかけにして心を切り替えました。自分の心や意思を強くして、今までいじめられていた自分と同じような目にあっている子たちの手助けをしてあげられるようになろうと思ったのです。これは誰にも相談せずに(相談できずに)、自分で考え、自分で決断したことでした。

私はとても無口な子でした。そして体も大変弱くて、一度は生死の境をさまよい、お花畑というところを覗いてもきたほどです。母に聞いたらそれは私が一歳半の時だったらしいのですが、その光景は大人になった今でも鮮明に記憶しています。

そのへんの話はさておき、私は本当に体が弱くてほとんど一年中風邪をひいていて、夏でも首にスカーフを巻いていなければならないほどでした。

体が弱く、自分を表現できない心の弱さもある私でしたが、そんな体の弱さと気の弱さの中から抜け出そうと思ったきっかけは、先ほども述べましたが中学に入る時、学校が変わる時でした。

幼い頃の私は、無口で自分を表現することが下手でした。そして、母に心配をかけたくないという思いもあり、自分自身が強くならなければ先が開けないし、このままでは自分にとってよくないと感じ、私は心を切り替えたのです。

もし、今いじめを受けている人がいたら、強くなってください。自分という人間に自信を持ってください。相手がおとなしいからといっていじめをするようなレベルの場所から抜け出してください。

人は皆、平等なのです。大人であっても小さな子供であっても、すべての人たちが尊重されなければならないのです。立場が弱いから、幼いからといって粗末にすべきではありません。

今、世界のあちらこちらで、立場の弱い人たちがさまざまな苦しみに喘いでいます。これもいじめの一つの形ではないでしょうか。

もし、自分より立場が弱いと思える人が困っていたら、手を差し伸べて助けてあげる勇気を持ちましょう。人の役に立ち、人に喜んでもらえるようになることによって、弱いと思っていた自分が強くなれるということもあるのです。

そうして正しく生きていくことによって、怖いものは何もなくなってきます。そしていろいろな物事に対して挑戦してゆく気持ちも芽生え、生活が生き生きとしてくれば、いじめをするような人たちは、あなたの周りに寄りつかなくなります。

立場の弱い人、困っている人の手助けをし、横暴な人に対しては毅然とした態度で接して相手にしないこと。あなたの賢さが、いじめをするような人たちを上回れば、相手はつまらなくなり、きっといじめから抜け出すことができます。

おわりに――親の愛情

世の中には、親がいるにもかかわらず、親の愛情を受けられずに育ってゆく子供もいるでしょう。

こうした子供たちは、成長するにしたがってさまざまな問題を抱えてしまう可能性が高いのではないかと思います。

私は溺愛を奨励しているのではありません。子供に親としての当たり前の愛情を注いであげればいいのです。

執拗な愛は必要ないのです。心のある愛が大切なのです。

子供が何かできた時に褒めてあげる。
子供に何か聞かれた時に優しく答えてあげる。
子供が泣いたら、なぜ泣いているのかきちんとわけを聞いて解決してあげる。
子供に、人に優しくしてあげられる心を芽生えさせてあげてほしいのです。
暴言、暴力は絶対に避けてください。
一緒に遊んであげてください。
こんな普通で当たり前のことでいいのです。
この実践がまた難しいことでもあるのですが、しかし努力をすれば必ず実るものです。
もし、自分が、家族が、幸福でいたいのなら、子供を粗末にせず、心からの思いやりのある愛情を注ぎ、子供を思いやりのある人に育ててください。

子供は親のロボットでも奴隷でもありません。

子供には、子供自身の尊重しなければならない人生があります。

そして、子供は大切な宝なのです。

その宝を汚すのも磨くのも親の育て方一つです。

誰もが輝く宝を望むように、子供たちを輝かせてあげられるように強く希望します。

著者プロフィール

加合 里早（かわい りさ）

本名：谷藤 英子（たにふじ えいこ）
1948年、北海道岩見沢市に生まれる。
現在は札幌市在住。

私の愛の子育て論

2005年3月15日　初版第1刷発行

著　者　加合 里早
発行者　瓜谷 綱延
発行所　株式会社文芸社
〒160-0022　東京都新宿区新宿1－10－1
電話　03-5369-3060（編集）
03-5369-2299（販売）

印刷所　株式会社平河工業社

ISBN4-8355-8690-5